AF324433

LETTRES PATENTES ET ORDONNANCE

pour l'execution des Articles accordez a M. Iſaac du Rier & la
verification de la finance payee
pour le port des Commiſſions
des Tailles és parroiſſes eſtans
en l'eſtendue des Eeſlctions du
reſſort des Cours des Aÿdes de
Paris, & Montferrand.

A PARIS,

Chez la Veſue Claude de Monſtrœil
en la Cour du Palais.

1608.

(5)

LETTRES PATENTES

& Ordonnance pour l'execution des Articles accordez à M^e Yſaac du Ryer, & la verification de la finance payee pour le port des commiſſions des Tailles ês Parroiſſes eſtans en l'eſtēdue des Eſlections du reſſort des Cours des aydes de Paris & Montferrand.

HENRY PAR LA GRACE DE DIEV ROY DE FRAN-CE ET DE NAVARRE A noſtre amé & feal Conſeiller en noſtre Conſeil d'Eſtat, In-tendant & Controlleur general de nos finances M. Gilles Maupeou, Salut: Ayant fait party auec noſtre cher & bien aimé Iſaac du Ryer de la iouyſſance des droits du port des Com-miſſions & mandemens de nos Tailles, Taillon, & creues és Parroiſſes eſtás des Eſlections du reſ-ſort de nos Cours des aydes de Paris & Montfer-rand durant ſeize anneeſpaiſibles & conſecuti-ues, & entre autres conditions: à la charge au pa-rauant que d'entrer en ladite iouyſſance de rem-bourſer nos Receueurs de noſdites Tailles & au-

A ij

tres iouyſſans deſdits droicts, porteurs des quitances du Treſorier de nos parties caſuelles, de
ſommes de deniers qui ſe trouueront auoir eſté
par eux actuellement financé en nos Coffres pour
l'acquiſition deſdits droicts , ainſi qu'il eſt plus à
plain declaré par les Articles dudit Party arre-
ſtez ennoſtreCõſeil le 2. Feurier dernier,& arreſt
donné en iceluy le 4 Mars enſuiuant cy attachez,
ſous le contreſeel de noſtre Chancellerie Et d'autant qu'au fait dudit rembourſement il pourroit
interuenir pluſieurs differents entre nos Receueurs ou autres pretendans la iouyſſance deſdits droicts & ledit du Ryer. Nous auons arreſté
pour y pouruoir & meſme à la conſeruation de
noſtre intereſt en ladite finance & rembourſemét
de commettre perſonne capable, & de qualité re-
quiſe, pour proceder à la verification d'icelle finance & ordonner dudit rembourſement.

A CES CAVSES, Nous vous auons cõ-
mis & depputé, commettons & depputtons par
ces preſentes, pour proceder à la veriffication de
la finance payee pour l'acquiſition faite deſdicts
droicts, tant par noſdits Receueurs des Tailles,
qu'autres iouyſſans à preſent paiſiblemét d'iceux
droicts eſdits reſſorts de nos Cours des Aydes de
Paris & Montferrand. Pour icelle verificatiõ ainſi faite eſtre par vous ordonné audit du Ryer de
faire le rembourſement de la finance qu'il vous
appa roiſtra eſtre actuellement entree en nos coffres, ſans fraude ny deſguyſement, ainſi qu'à cha-
cun d'eux appartiendra & à meſure qu'iceluy du
Ryer deſirera entrer en la iouyſſance & perceptiõ

defdits droicts en leur lieu & place d'annee en annee conformément aufdites Articles, pour par-
uenir à laquelle verificatiõ vous vous ferez repre-
fenter par tous ceux qu'il appartiendra & qui fe
trouuerront pretendre lefdits droicts leurs quittances de finance & autres tiltres: A quoy nous
voulons eftre par eux fatisfait dans le temps qui
leur fera prefix par vos ordonnances qui leur fe-
rõt à cefte fin fignifiees, & à faute de ce faire ledit
temps expiré comme aux autres à qui ordonne-
rez le remboursement de venir prendre iceluy au
lieu qu'aurez trouué raifonnable & y auoir pa-
reillement fait difficulté en donnerez actes audit
du Ryer, pour en vertu d'iceux & de vos ordonnances fe mettre en poffeffion defdicts droicts,
les prendre & receuoir durant l'annee qu'auront
deu ou peu iouyr les denõmez en iceux tout ain-
fi qu'il feroit s'il lesauoit actuellement rembour-
fez. Sur lefquelles ordonnances fera ledit du Ryer
ou fes Procureurs mis en ladite poffeffion par les
Officiers defdites Efections lefquelles luy de-
liureront ou à fes Procureurs les mandemens &
commiffions des Tailles pour en faire l'enuoy,
comme aufsi les commiffions des contrainctes
pour les faire executer par tel de nos Huiffiers ou
Sergens qu'il voudra choifir, & dont il demeu-
rera refponfable, au cas que ledict Huiffier ou
Sergent n'ait baillé caution fuyuant l'ordonnance pardeuãt lefdits Eleus, & à leur refus mandons au premier de nos Treforiers generaux de
France fur ce requis, fe tranfporter fur les lieux
aux frais & defpens defdits Eleus, leur mandant

A iij

ainſi le faire ſans difficulté. **DE CE FAIRE**
vous auons donné toutpouuuoir auec commiſſiõ,
& mandement ſpecial; & pour l'execution de ce
que deſſus: Mandons & commandons au premier noſtre Huiſsier ou Sergent ſur ce requis faire toutes ſignifications, ſommations, contraintes
& autres exploits de iuſtice que beſoin ſera pour
l'execution de ces preſentes & de voſdites ordõ-
nances:Sans pour ce demander autre Placet, Viſa.
ne pareatis que ces preſentes: Nonobſtant oppo-
ſitions ou appellations quelſconques, pour leſ-
quelles & ſans preiudice d'icelles ne voulons
eſtre differé, & dont ſi aucunes interuiennent,
nous en auons retenu & reſerué la cognoiſſance à
Nous & noſtredit Cõſeil, & icelle interdite & de-
fendue à toutes Cours & Iuges quelſconques.
Et d'autant que de ſeſdites preſentes, deſdits Articles & Arreſt l'on pourra auoir affaire en pluſieurs & diuers lieux: Nous voulons qu'au Vidi-
mus d'iceux foy ſoit adiouſtée comme aux ori-
ginaux:Car tel eſt noſtre plaiſir. Donné à Paris le
xxix. iour de Mars, l'an de grace mil ſix cens
huict, & de noſtre regne le dixneufieſme.

Ainſi ſigné,   Par le Roy en ſon Conſeil.

L'HVILLIER.

Et ſeellées de cire iaune ſur ſimple queuë.

DE l'ordonnance de nous Gilles de Maupeou, Conseiller du Roy en son Conseil d'Estat, intendant & Controolleur general de ses finances, Commissaire depputté par sa Majesté par ses lettres patétes du xxix. Mars dernier pour la verification de la finance payee par les Receueurs des Tailles & autres ayans acquis les droits de port de cómission és Parroisses estans és Electiós du ressort des Cours des Aydes de Paris & Montferrãd: Et à la requeste de M e. Isaac du Ryer ayant fait party auec sa Maiesté pour le remboursement de ladite finance, moyennant la iouyssance desdits droits durant seize annees paisibles & cósecutiues. Il est mandé au premier Huissier ou Sergent royal sur ce requis d'assigner pardeuant nous en nostre hostel en ceste ville de Paris

A iiij

ou à la suitte du Roy & de son Cõseil les Receueurs des Tailles & autres qui doiuent entrer en iouyssãce l'annee prochaine desdits droits des ports de commissiõspour aporter dans le temps qui leur est cy apres prefix & metre és mains de maistre Pierre Denets Greffier en ladite commission demeurant à Paris ruë des Noiers pres les Carmes, les quitances de la finãce qu'ils ont payee és coffres de sa maiesté, en vertu desquelles ils iouyssent desdits droits à fin de voir ordóner sur le remboursement : Sçauoir ceux de la generalité de Paris dans quinze iours, ceux des generalitez d'Orleans, Soyssons Amyens & Chalons, dans trois sepmaines, & ceux des generalitez de Tours, Poictiers, Bourges , Moulins Limoges, Rió & Lion dans vn mois leur declarant qu'à faute de ce faire

& d'apporter lesdites quittances dãs
ledit temps: Nous ordonnerons aux
Eleuz de chacune election de bail-
ler & mettre és mains dudit du Rier,
ou de celuy qu'il preposera en chacune d'icelles, les commissions des
Tailles de ladite annee prochaine,
affin de faire l'enuoy desdites commissions par les parroisses, & en ce
faisant luy ordonner les deniers o-
ctroyez par sadite Maiesté pour ledit port & enuoy, selon qu'il nous
est mandé par nostre commission:
de laquelle & de nostre presente ordonnance leur sera baillee coppie,
& pour ce que la pluspart desdicts
droits ont esté acquis par des parti-
culiers, dont il est difficile de sçauoir ni leurs noms, ni le lieu de leur
demeure, ledit Huissier ou Sergent
royal fera l'exploit au Greffe de
l'Election en parlant au Greffier ou

principal Commis, & luy enioindra
d'aduertir ceux à qui appartiendrôt
lesdits droits, qu'ils ayent à satisfaire
à nostre presente ordonnance dans
le temps cy dessus declaré aux fraiz
& despens dudit du Ryer, sur peine
d'estre responsable de la perte que
pourroit souffrir celuy ou ceux à qui
appartiennent lesdits droits , faulte
d'estre aduertis du contenu en la
presente. Lequel Huissier ou Sergét
fera defence ausdits Eleuz de ne de
laisser les commissions des Tailles de
l'annee prochaine en autres mains
qu'en celle dudit du Rier, ou de celuy ou ceux qui auront de luy pouuoir, sur peine de respondre en leur
propre & priué nom , des despens
dommages & interests que pourroit souffrir ledit du Rier, de ce fai-
ce luy donnons plain pouuoir, commission , commandement special,

en vertu de celuy a nous donné par
a Maiesté.   Faict à Paris le Conseil
y estant , le premier iour d'Aoust:
mil six cens huict,   signé,

MAVPEOV.

Collationnez aux originaux par moy Conseiller,
Notaire & Secretaire du Roy.

EN vertu des lettres patentes du
Roy en forme de Commiſſion
en date du xxix. Mars dernier, ſigné
par le Roy en ſon Conſeil l'Huillier,
& ſeellé de cire iaulne ſur ſimple
queuë: & de l'ordonnance de mon-
ſieur M. Gilles de Maupeou Côſeil-
ler du Roy en ſon Conſeil d'Eſtat
Intendant & Controlleur general
de ſes finances, en datté du premier Aouſt dernier, ſigné de ſa
main, Cōmiſſaire depputé par
ſa Maieſté pour l'execution des articles accordez à M. Iſaac du Rier Secretaire ordinaire de la chambre de
ſadite Maieſté, pour le rembourſement de la finance paiee tant par les
Receueurs des Tailles que autres
ayans cy deuant acquis les droits de
port de cōmiſſion és paroiſſes eſtans
és Elections des reſſorts des Cours
des Aydes de Paris & Montferrand

a la requeſte dudit du Rier fait commandement a m^{re} [manuscrit] [manuscrit]
ayant acquis ledit droict de port de
commiſſion en ladite Election de
[manuscrit] & qui entrera l'annee prochaine en iouiſſance dudict
droict, en parlant à [manuscrit]
de comparoir d'huy en [manuscrit]
pardeuant ledict ſieur
de Maupeou en ſon hoſtel en ceſte
ville de Paris ou la part qu'il ſera a
la ſuitte du Conſeil du Roy, pour
apporter les quittances des finance qu'il a payee pour l'acquiſition
dudit droict de port de commiſſion
en ladicte Election, affin d'eſtre
procedé par ledit ſieur de Maupeou
a la verification de ladite finance, &
ordonne ſon rembourſement luy
eſtre fait par ledit du Rier de ce qui

fera iuſtifié eſtre actuellemét & [...]
fraude ni deſguiſement entré au[...]
~~coffres du Roy~~, & en outre voir pro[...]
~~ceder ſur l'execution~~ de ladite com[...]
miſſion comme il appartiendra par[...]
raiſon, par proteſtation qu'a faute[...]
d'auoir dans ledit temps de [...]
[...] & iceluy paſſé apporté ladite[...]
quictace de finance & icelle fait ve[...]
rifier qu'il ſera depoſſedé, & ledit du[...]
R[...]ermis en poſſeſſion deſdits droits[...]
ſauf a le rébourſer apres la verifica[...]
tion faite par led. ſieur de Maupeou[...]
comme il eſt cótenu en ladite com[...]
miſſion ſuyuant & conformement[...]
a icelle, de laquelle commiſſion &[...]
oɪdonnáce dudit ſieur de Maupeou[...]
& du preſent mon exploit i'ay deli[...]
uré coppie audit

en parlát comme deſſus, & luy[...]
ay declaré qu'il doit faire ſa proteſ[...]
tation au logis de M. Pierre Da[...]

Greffier en ladite commiſſion en ſa
maiſon a Paris ruë des Noyers pres
es Carmes.